I COLORI DELLA CUCINA

BIMBI È PRONTO! 2

COVER

Dog hot dog

Foto e styling di Sabrina Rossi

SOMMARIO

6 A COLPO D'OCCHIO

8 I PRIMI

20 VERDURE IN INCOGNITO

32 INTERMEZZO ANIMALIER

44 LA CICCIA

56 IL PESCE

70 INTERMEZZO BABY PARTY

84 IL CARRETTO DEI GELATI

96 INDICE ALFABETICO

A COLPO D'OCCHIO

I PRIMI

10 BAVETTE AL PESTO LIGHT
12 CAVATELLI ALLE ZUCCHINE
14 REGINETTE AL PESTO AROMATICO
16 ELICHE POMODORINI E RICOTTA
18 ORZOTTO ALLA MILANESE

VERDURE IN INCOGNITO

22 FUNGHETTI DI CAPRESE
24 DISCHI MELANZANA E POMODORO
26 PATATINE AL PROFUMO DI ROSMARINO
28 GIARDINETTO CROCCANTE
30 POLPETTINE PISELLI E FAGIOLI

INTERMEZZO ANIMALIER

34 COCCINELLE SU FIOR DI SABLÉ
36 IL PULCINO PIO
38 DOG HOT DOG
40 FROG DOG
42 TRAMEZZINI O PESCIOLINI?

LA CICCIA

46 POLPETTINE PROFUMATE
48 POLPETTINE DI POLLO
50 INVOLTINI DI POLLO MELE E MORTADELLA
52 STELLINE DI COTOLETTE
54 SCALOPPINE AGLI AGRUMI E MIELE

IL PESCE

58 POLPETTINE DI ACCIUGHE

60 POLPETTINE DI SALMONE

62 CROCCHETTE MERLUZZO E PATATE

64 SOGLIOLE ALLA MUGNAIA

66 INVOLTINI DI SPADA CON PINOLI E UVETTA

68 CUSCUS CON VERDURE E SGOMBRO

INTERMEZZO BABY PARTY

72 CRACKER ABC

74 ALLEGRE PIZZETTE

76 RISO MATEMATICO

78 PANINI DISCHI VOLANTI

80 BARRETTE AI CEREALI E SMARTIES

82 FRULLATO DELL'INCREDIBILE HULK

IL CARRETTO DEI GELATI

86 GELATO BANANA E CIOCCOLATO

88 UFOLOTTI COLORATI

90 STECCHI PRALINATI

92 LAMPONI YOGURT-POPS

94 GHIACCIOLI ANANAS E KIWI

LEGENDA

(orologio)	minuti

tempo di preparazione ed eventuale riposo

(pentola)	minuti

tempo di cottura

I PRIMI

BAVETTE
AL PESTO LIGHT

15 minuti

15 minuti

INGREDIENTI
per 4 persone

- **320 g di bavette**
- **100 g di fagiolini**
- **1 patata già lessata**
- **80 g di basilico**
- **25 g di pinoli già pelati**
- **25 g di parmigiano grattugiato**
- **2 spicchi di aglio**
- **olio extravergine di oliva**
- **sale**

1 Sfogliate il basilico. Raccogliete le foglie nel bicchiere del mixer, unite 10 g di olio e 3 cubetti di ghiaccio e frullate fino a ottenere un pesto cremoso e omogeneo. Aggiungete i pinoli, l'aglio e il parmigiano, e frullate ancora.

2 Frullate a parte la patata con un goccio di acqua fino a ottenere una crema piuttosto liquida.

3 Sciacquate i fagiolini e spuntateli. Lessate la pasta in abbondante acqua leggermente salata; quando mancheranno 3 minuti al termine, tuffate anche i fagiolini.

4 Scolate la pasta e i fagiolini al dente in una zuppiera. Condite con il pesto e la crema di patate, mantecate per un paio di minuti e servite.

CAVATELLI ALLE ZUCCHINE
E CREMA DI RICOTTA

10 minuti

20 minuti

INGREDIENTI
per 4 persone

- **320 g di cavatelli**
- **2 zucchine**
- **1 scalogno**
- **350 g di ricotta vaccina**
- **1/2 dl di panna fresca**
- **1 ciuffo di maggiorana**
- **olio extravergine di oliva**
- **sale e pepe**

1 Lavate le zucchine, spuntatele e tagliatele a cubetti. Affettate lo scalogno e fatelo appassire a fuoco dolce in una padella con un filo di olio. Unite la dadolata di zucchine e proseguite la cottura per 8-10 minuti.

2 Raccogliete la ricotta in una ciotola, unite la panna e lavorate con un cucchiaio di legno fino a ottenere una sorta di crema. Condite con un pizzico di sale, profumate con una macinata di pepe e con un po' di maggiorana tritata, e amalgamate.

3 Lessate i cavatelli in abbondante acqua bollente leggermente salata, scolateli al dente e trasferiteli in una zuppiera. Condite con la crema preparata, mescolate e servite.

REGINETTE
AL PESTO AROMATICO

10 minuti

15 minuti

INGREDIENTI
per 4 persone

- 320 g di reginette
- 2 pomodori
- 1 ciuffo di prezzemolo
- 1 ciuffo di mentuccia
- 1 rametto di basilico
- 5 rametti di timo
- 1 rametto di maggiorana
- 1 spicchio di aglio
- 50 g di pistacchi già pelati
- 50 g di nocciole già pelate
- 10 olive (nere e verdi) già snocciolate
- 50 g di pecorino
- olio extravergine di oliva
- sale

1 Sfogliate le erbe aromatiche e raccoglietele nel bicchiere del mixer, aggiungete l'aglio, i pistacchi e le nocciole e frullate tutto, versando a filo l'olio necessario a ottenere un pesto cremoso.

2 Sbollentate i pomodori per un paio di minuti; scolateli, pelateli, tagliateli a metà ed eliminate i semi e l'acqua di vegetazione; quindi tagliateli a dadini. Tagliate tutte le olive a rondelle.

3 Lessate la pasta in abbondante acqua leggermente salata; scolatela al dente e raccoglietela in una zuppiera. Unite il pesto, la dadolata di pomodoro e le olive a rondelle e mescolate. Completate con il pecorino fatto a scagliette e servite.

ELICHE
POMODORINI E RICOTTA

5 minuti

20 minuti

INGREDIENTI
per 4 persone

- **320 g di eliche**
- **400 g di pomodorini**
- **50 g di pomodori secchi sott'olio**
- **300 g di ricotta infornata**
- **olio extravergine di oliva**
- **sale**

1 Sbollentate i pomodorini, scolateli, pelateli, tagliateli a spicchi ed eliminate i semi e l'acqua di vegetazione. Scolate i pomodori secchi e tagliateli a listerelle. Scaldate un filo di olio in una padella, unite i pomodorini e le listerelle di pomodori secchi e lasciate insaporire per una decina di minuti.

2 Lessate la pasta in abbondante acqua bollente leggermente salata. Scolatela al dente e raccoglietela in una zuppiera. Unite il condimento preparato e aggiungete una grattugiata abbondante di ricotta infornata; completate con un filo di olio a crudo e servite.

ORZOTTO
ALLA MILANESE

5 minuti

25 minuti

INGREDIENTI
per 4 persone

- **300 g di orzo perlato**
- **200 g di cimette di broccolo romanesco già lessate**
- **50 g di ricotta**
- **50 g di parmigiano grattugiato**
- **1 cipolla**
- **1 bustina di zafferano in polvere**
- **brodo vegetale**
- **olio extravergine di oliva**
- **sale**

1 Tagliate la cipolla a fette sottili e fatela appassire a fuoco dolce in una casseruola con un filo di olio. Aggiungete l'orzo e lasciate insaporire per un paio di minuti, mescolando ogni tanto. Bagnate con un mestolo di brodo e proseguite la cottura, aggiungendo altro brodo man mano che viene assorbito.

2 A metà cottura, regolate di sale e profumate con lo zafferano, stemperato in un mestolino di brodo bollente. Poco prima del termine, unite le cimette di broccolo e mescolate. Una volta pronto, levate dal fuoco, mantecate con la ricotta e con il parmigiano, portate in tavola e servite.

VERDURE IN INCOGNITO

FUNGHETTI
DI CAPRESE

10 minuti

INGREDIENTI
per 4 persone

- **16 pomodorini**
- **16 ciliegine di mozzarella**
- **1 ciuffo di prezzemolo**
- **maionese**
- **sale**

1 Lavate i pomodorini, asciugateli e tagliate loro la calottina superiore; svuotateli, facendo attenzione a non romperli, e salateli internamente.

2 Inserite un bocconcino di mozzarella in ogni pomodorino svuotato. Infilzate i funghetti realizzati con uno spiedino di legno, mettendo alla base una foglia di prezzemolo. Decorate i cappelli dei funghetti con puntine di maionese e servite.

DISCHI VOLANTI
DI MELANZANA E POMODORO

15 minuti

20 minuti

INGREDIENTI
per 4 persone

- **1 melanzana tonda**
- **3 pomodori**
- **125 g di mozzarella**
- **8 olive verdi già snocciolate**
- **40 g di parmigiano grattugiato**
- **olio extravergine di oliva**
- **sale**

1 Sciacquate la melanzana e asciugatela con carta assorbente da cucina. Ricavate 4 fette dello spessore di circa 2 cm, incidete la polpa a croce e trasferitele su una teglia, rivestita con carta forno.

2 Condite le fette con un filo di olio e un pizzico di sale, spolverizzatele con il parmigiano, infornate a 180 °C e fate cuocere per circa 20 minuti. Trascorso il tempo, levate e tenete da parte.

3 Lavate i pomodori, asciugateli e tagliatene 2 a metà. Tagliate la mozzarella e il pomodoro rimasto a dadini uguali. Appoggiate i mezzi pomodori, dalla parte tagliata, al centro di ciascuna fetta di melanzana e decorate tutt'attorno con i dadini di mozzarella e pomodoro, alternandoli.

4 Infilzate le olive su altrettanti stecchini. Infilzate questi ultimi nei pomodori, a 2 a 2, per realizzare le antenne dei dischi volanti. Condite con un filo di olio extravergine e servite.

PATATINE
AL PROFUMO DI ROSMARINO

10 minuti + riposo

60 minuti

INGREDIENTI per 4 persone

- **5-6 patate**
- **2 rametti di rosmarino**
- **olio extravergine di oliva**
- **sale**

vi servono inoltre

- **coppapasta a forma di fiore e di cuore**

1 Sbucciate le patate, sciacquatele e tagliatele a fette dello spessore di circa 7-8 mm. Con i coppapasta ricavate dalle fette tanti cuoricini e fiorellini. Lessateli in acqua bollente leggermente salata per circa 5 minuti, poi scolateli e lasciateli asciugare su un foglio di carta assorbente da cucina.

2 Raccogliete le patatine in una ciotola, profumate con gli aghi di 1 rametto di rosmarino, tritati, condite con un pizzico di sale, mescolate e lasciate riposare per 20-30 minuti.

3 Distribuite le patatine sulla placca del forno, foderata con carta forno e leggermente unta. Conditele con un po' di olio, profumate con il rosmarino rimasto, e fate cuocere in forno già caldo a 200 °C per circa 20 minuti. Passate sotto il grill per altri 5 minuti, levate, portate in tavola e servite.

GIARDINETTO CROCCANTE

15 minuti

30 minuti

INGREDIENTI
per 4 persone

- 1 peperone rosso
- 1 peperone giallo
- 2 zucchine
- 1 melanzana
- 2 pomodori ramati
- 20 g di capperi sotto sale
- 2 filetti di acciuga sott'olio
- 1 spicchio di aglio
- 50 g di pangrattato
- 50 g di parmigiano grattugiato
- 40 g di pinoli già pelati
- 1 ciuffo di prezzemolo
- olio extravergine di oliva
- sale

1 Lavate, mondate e tagliate tutti gli ortaggi a dadini. Scaldate un filo di olio in una padella, unite la dadolata mista di ortaggi e lasciate insaporire a fuoco vivace per qualche minuto.

2 Scaldate un filo di olio in un'altra padella con l'aglio. Eliminate quest'ultimo, unite i filetti di acciuga e stemperateli, mescolando con un cucchiaio di legno. Aggiungete il pangrattato e fate tostare per qualche minuto. Togliete dal fuoco, unite i capperi, dissalati e asciugati, il prezzemolo, tritato, e il parmigiano, e mescolate delicatamente.

3 Raccogliete la dadolata mista di ortaggi in una pirofila leggermente unta. Aggiungete i pinoli e il pangrattato aromatizzato, regolate di sale e mescolate ancora. Mettete in forno già caldo a 190 °C e fate cuocere per una ventina di minuti. Trascorso il tempo, levate, portate in tavola e servite.

POLPETTINE SPEEDY
DI PISELLI E FAGIOLI

10 minuti

10 minuti

INGREDIENTI
per 4 persone

- **300 g di piselli freschi già sgranati**
- **250 g di fagioli di Spagna già lessati**
- **1 uovo**
- **80 g di parmigiano grattugiato**
- **curry in polvere**
- **farina di mais tostata per panature**
- **pangrattato**
- **maionese**
- **olio extravergine di oliva**
- **sale**

1 Raccogliete i piselli nel bicchiere del mixer, unite i fagioli e frullate fino a ottenere un composto omogeneo. Trasferite il composto in una ciotola, aggiungete il parmigiano e l'uovo, leggermente sbattuto, condite con un pizzico di sale e mescolate.

2 Profumate con un po' di curry (secondo il vostro gusto) e amalgamate ancora (se il composto risultasse troppo umido, aggiungete un po' di pangrattato). Modellate tante piccole polpettine e passatele nella farina di mais, premendole leggermente per far aderire la panatura.

3 Distribuite le polpettine sulla placca del forno, foderata con carta forno e leggermente unta. Mettete in forno già caldo a 220 °C, e fate cuocere per circa 10 minuti, girando le polpettine a metà cottura. Trascorso il tempo, levate e lasciate intiepidire; quindi servite, con un po' di maionese a parte.

INTERMEZZO ANIMALIER

COCCINELLE
SU FIOR DI SABLÉ AL ROSMARINO

25 minuti + riposo

15 minuti

INGREDIENTI
per 20 coccinelle

- 10 pomodorini
- 20 olive nere già snocciolate
- 100 g di caprino fresco
- qualche stelo di erba cipollina
- pesto di olive

per i sablés al rosmarino
- 200 g di farina
- 50 g di mandorle in polvere
- 120 g di burro salato
- 30 g di olio extravergine di oliva
- 1 uovo
- 1 rametto di rosmarino

vi serve inoltre
- 1 coppapasta del diametro di 4-5 cm

1 Preparate i sablés: raccogliete le due farine in una ciotola, unite il burro a pezzetti e l'olio, e lavorate con la punta delle dita, per ottenere un composto sabbioso. Aggiungete l'uovo e un po' di rosmarino, tritato, e lavorate giusto per incorporare. Formate una palla, avvolgetela in un foglio di pellicola trasparente e mettetela in frigo per una mezz'ora.

2 Trascorso il tempo, stendete l'impasto in una sfoglia abbastanza sottile e ritagliate tanti biscotti con un coppapasta di poco più grande dei pomodorini. Distribuite i biscotti sulla placca del forno foderata con carta forno, mettete in forno già caldo a 190 °C e fate cuocere per 15 minuti. Trascorso il tempo, levate e lasciate raffreddare.

3 Lavate i pomodorini, asciugateli e tagliateli a metà per il lungo. Eliminate i semi e l'acqua di vegetazione e tagliate ogni metà a metà, sempre per il lungo. Lavorate il caprino in una ciotola fino a ottenere una sorta di mousse.

4 Spalmate i sablés con uno strato di mousse e realizzate le coccinelle: per farlo, accostate due spicchi di pomodorino, dalla parte del taglio, in modo da formare il corpo (le elitre); quindi posizionate 1 oliva a mo' di testa. Inserite in ogni oliva 2 mezzi steli di erba cipollina, per le antenne, e completate con un po' di pesto di olive, disegnando sulle elitre alcuni puntini.

IL PULCINO PIO

30 minuti

20 minuti

INGREDIENTI
per 3 pulcini

- **3 uova**
- **1 rotolo di pasta sfoglia**
- **1 carotina**
- **latte**
- **chiodi di garofano**
- **pinoli già pelati**
- **affettati misti a piacere (coppa, salame, prosciutto crudo...)**

vi servono inoltre
- **3 stampini da muffin**

1 Ritagliate la pasta sfoglia in tante striscette larghe 1 cm. Stendete 7 striscette su un foglio di carta forno, l'una affianco all'altra, lasciandole un pochino discoste. Quindi intrecciateci a trama alternata altrettante striscette, per ottenere una sorta di grata fitta. Procedete così per realizzare altre due grate.

2 Adagiate ogni grata su uno stampino da muffin, capovolto. Ritagliate la pasta in eccesso e modellate tre piccoli cordoncini. Adagiate un cordoncino alla base di ogni stampino, premendolo leggermente per farlo aderire alla grata, in modo da realizzare il bordo dei cestini.

3 Trasferite tutto sulla placca del forno, foderata con carta forno. Spennellate i cestini con un po' di latte, mettete in forno già caldo a 100 °C e fate cuocere per una decina di minuti, o comunque fino a doratura. Al termine, levate e lasciate raffreddare.

4 Fate rassodare le uova per 8 minuti a partire dal bollore. Levatele e lasciatele raffreddare, quindi sgusciatele. Tagliate la carotina per ricavare 5 fettine a mo' di piccola cresta. Posizionate le crestine ad hoc nelle uova sode, praticando una piccola incisione. Quindi inserite i chiodi di garofano, per fare gli occhi, e 1 pinolo per il beccuccio.

5 Foderate i cestini di pasta con gli affettati a piacere, posizionate i pulcini nei cestini, portate in tavola e servite.

DOG HOT DOG

30 minuti + riposo

25 minuti

INGREDIENTI
per 8-10 panini

- **300 g di farina (più farina per la spianatoia)**
- **200 g di manitoba**
- **2,5 dl di latte (più latte per spennellare)**
- **50 g di burro**
- **25 g di lievito di birra**
- **10 g di zucchero**
- **qualche oliva nera già snocciolata**
- **semi di sesamo**
- **sale**

per la farcitura
- **8-10 würstel**
- **1 cespo di lattuga**
- **maionese**
- **senape**
- **ketchup**

1 Versate il latte tiepido in una ciotola, unite il lievito, sbriciolato, mescolate e lasciate riposare per circa 10 minuti. Setacciate le due farine in una ciotola, fate la classica fontana, unite al centro il latte con il lievito e amalgamate. Aggiungete lo zucchero, il sale e il burro fuso, e lavorate ancora fino a ottenere un impasto liscio ed elastico.

2 Trasferite l'impasto sulla spianatoia, leggermente infarinata, e lavoratelo con le mani finché non risulta liscio ed elastico. Rimettete l'impasto nella ciotola, coprite con pellicola trasparente e lasciate lievitare per almeno 2 ore, o comunque finché sarà raddoppiato in volume.

3 Riprendete l'impasto e dategli forma di salsicciotto. Dividetelo in 8-10 pezzetti, modellandoli in forma di salsicciotti ovali. Schiacciateli leggermente, quindi incideteli ai due lati con un coltellino, per formare le orecchie. Disponete i panini sulla placca del forno, foderata con carta forno, spennellateli con un po' di latte e lasciate lievitare nuovamente, finché saranno raddoppiati in volume.

4 Con alcuni pezzetti di oliva realizzate gli occhi e il naso dei dog hot dog, inserendoli a modo nell'impasto; infine distribuite sulla superficie alcuni semi di sesamo. Mettete in forno già caldo a 200 °C e fate cuocere per una ventina di minuti, o comunque fino a doratura. Trascorso il tempo, levate e lasciate intiepidire.

5 Grigliate i würstel su una piastra ben calda. Tagliate i panini a metà in senso orizzontale, ma senza separare le fette, per formare la bocca del cane che addenterà l'hot dog. Spalmateli con un po' di maionese (o di senape) e farciteli con 1 foglia di lattuga e con 1 würstel. Aggiungete, se piace, un po' di ketchup e servite.

FROG DOG

40 minuti + riposo

20 minuti

INGREDIENTI per 15-20 panini

- **400 g di manitoba (più farina per la spianatoia)**
- **2 dl di latte tiepido (più latte per spennellare)**
- **50 g di burro**
- **50 g di zucchero**
- **12 g di lievito di birra**
- **5 g di sale**
- **1 uovo**
- **glassa reale colorata**

per la farcitura

- **100 g di prosciutto crudo affettato sottile**
- **100 g di prosciutto cotto affettato sottile**
- **100 g di salame Milano affettato sottile**
- **1 cespo di lattuga**
- **100 g di ricotta vaccina**
- **100 g di fiordilatte**
- **maionese**

1 Versate un po' di latte in una ciotolina, unite il lievito, sbriciolato, mescolate e tenete da parte. Versate il latte rimasto in un'altra ciotola, aggiungete lo zucchero e il sale, e mescolate. Setacciate la farina in una terrina, fate la fontana, unite al centro il lievito stemperato, il latte e il burro, fuso, e mescolate.

2 Trasferite l'impasto sulla spianatoia infarinata e lavoratelo finché non risulta liscio ed elastico. Rimettete l'impasto nella ciotola, coprite con pellicola trasparente e lasciate lievitare per almeno 2 ore, o comunque finché sarà raddoppiato in volume.

3 Riprendete l'impasto e dategli la forma di un salsicciotto. Dividetelo in tanti pezzetti da 30 g ciascuno (tenete da parte circa un terzo dell'impasto) e formate tante palline. Per farlo, prendete il singolo pezzetto di impasto con le dita delle due mani, tirate i bordi della pasta verso il basso e spingetela con i pollici alla base, premendola per saldarla.

4 Man mano che modellate i panini, disponeteli ben distanziati sulla placca del forno foderata con carta forno, appoggiandoli sulla parte "pizzicata", e spennellateli con un po' di latte tiepido.

5 Con l'impasto rimasto, modellate tante coppie di palline, più o meno delle dimensioni di una biglia (vi servono per fare gli occhi). Fate due incavi su ogni panino, premendo leggermente con la punta delle dita; posizionate negli incavi le palline più piccole a mo' di occhi e spennellatele con un altro po' di latte tiepido. Lasciate lievitare per circa 1 ora, in un luogo tiepido.

6 Trascorso il tempo, spennellate i panini con l'uovo, leggermente sbattuto, infornate a 220 °C e fate cuocere per 18 minuti, o comunque fino a doratura. Poi levate e lasciate raffreddare. Infine, disegnate gli occhi e il naso con un po' di glassa reale colorata.

7 Tagliate i panini a metà ma non completamente, per fare la bocca, quindi farciteli a piacere con lattuga, ricotta e prosciutto crudo; o lattuga, salame e maionese; o ancora lattuga, cotto e fiordilatte.

TRAMEZZINI
O PESCIOLINI?

20 minuti

INGREDIENTI
per 8 tramezzini

- **16 fette di pancarrè**
- **200 g di prosciutto cotto**
- **8 fette di fontina**
- **4 pomodorini**
- **4 olive verdi già snocciolate**
- **maionese**
- **insalatina**

1 Eliminate la crosta alle fette di pancarrè e spalmatele con un velo di maionese. Farcite i tramezzini con una fetta di fontina e una di prosciutto cotto, quindi, con un coltellino affilato, ritagliateli a forma di pesciolino. Riapriteli brevemente e completate la farcitura con un po' di insalatina.

2 Sciacquate i pomodorini, tagliateli a metà ed eliminate i semi e l'acqua di vegetazione. Tagliate le olive a rondelle (in tutto ve ne servono 8). Appoggiate un mezzo pomodorino su ogni tramezzino, a mo' di occhio, rifinitelo con una rondella di oliva e fermate con uno stecchino. Portate in tavola e servite.

mangiami
mangiami
mangiami
mangiami

LA CICCIA

POLPETTINE PROFUMATE

20 minuti

20 minuti

INGREDIENTI
per 4 persone

- **200 g di polpa di maiale tritata**
- **200 g di polpa di vitello tritata**
- **1 uovo**
- **1/2 cucchiaino di zenzero in polvere**
- **1 cucchiaino di cannella in polvere**
- **1/2 cucchiaino di coriandolo in polvere**
- **1 ciuffo di prezzemolo**
- **1 rametto di rosmarino**
- **1 rametto di alloro**
- **2 carote**
- **noce moscata**
- **olio extravergine di oliva**
- **sale**

1 Raccogliete le carni tritate in una ciotola, aggiungete l'uovo, lo zenzero, la cannella e il coriandolo, profumate con una grattugiata di noce moscata e con un po' di prezzemolo tritato, condite con un pizzico di sale e amalgamate.

2 Formate con il composto tante piccole polpettine. Scaldate 5-6 cucchiai di olio in una padella e friggete le polpettine, girandole ogni tanto. Quando saranno ben dorate, scolatele su un foglio di carta assorbente da cucina.

3 Raschiate le carote sotto l'acqua corrente, spuntatele e tagliatele a bastoncini. Scaldate un filo di olio in una padella con 2 foglie di alloro e qualche ago di rosmarino, unite i bastoncini di carota e fateli cuocere per una decina di minuti (se occorre, bagnateli con un po' di acqua).

4 Infilzate le polpettine a tre a tre in spiedini lunghi di legno, alternandole a qualche bastoncino di carota e 1 foglia di alloro. Distribuite gli spiedini nei piatti individuali, portate in tavola e servite.

POLPETTINE DI POLLO MASCHERATE

30 minuti

20 minuti

INGREDIENTI per 4 persone

- 350 g di petto di pollo tritato
- 100 g di salsicce
- 3 carote di media grandezza
- 2 uova
- 1 pomodoro ramato
- 60 g di parmigiano grattugiato
- 1 ciuffo di prezzemolo
- 2-3 fette di pancarrè senza crosta
- latte
- farina
- maionese
- olio di semi di arachide
- sale

1 Raschiate le carote sotto l'acqua corrente, spuntatele, asciugatele e tagliatele a fette sottili nel senso della lunghezza, con un pelapatate o con una mandolina. Sbollentate le fette per 2-3 minuti in acqua leggermente salata per ammorbidirle, quindi scolatele, passatele sotto l'acqua corrente e mettetele ad asciugare su un foglio di carta assorbente da cucina.

2 Lavate e asciugate il pomodoro, tagliatelo a metà, eliminate i semi e l'acqua di vegetazione e fatelo a filetti spessi circa 4-5 mm. Spezzettate il pancarrè, ammollatelo in un po' di latte, quindi strizzatelo.

3 Spellate le salsicce, sgranatele e raccoglietele in una ciotola. Aggiungete il petto di pollo tritato, il pancarrè, le uova e il parmigiano, e amalgamate. Profumate con un po' di prezzemolo tritato, condite con un pizzico di sale e amalgamate ancora.

4 Inumiditevi leggermente le mani e modellate con il composto tante polpettine, schiacciandole leggermente. Infarinatele e friggetele in una padella con abbondante olio ben caldo, girandole a metà cottura. Man mano che sono pronte, scolatele su un foglio di carta assorbente da cucina.

5 Praticate due forellini al centro delle fettine di carota, a mo' di mascherina, e fasciate le polpettine. Disponete le polpettine su un piatto di servizio, mettete un ciuffetto di maionese nei fori delle mascherine, completate con un filetto di pomodoro per fare la bocca e servite.

INVOLTINI DI POLLO
ALLE MELE E MORTADELLA

20 minuti

70 minuti

INGREDIENTI
per 4 persone

- 400 g di petto di pollo
- 200 g di mortadella affettata sottile
- 50 g di mele secche
- 1 costa di sedano
- 3 carote
- 1 cipolla
- 1 bicchiere di vino bianco
- 4 foglie di salvia
- 1/2 l di brodo vegetale
- aceto di riso
- olio extravergine di oliva
- sale

1 Mettete a bagno le mele in un po' di aceto di riso e lasciatele ammollare per una decina di minuti. Poi scolatele e tenetele da parte. Tagliate sottilmente il petto di pollo per ottenere 4 fette lunghe circa 15 cm. Disponete le fette su un tagliere, foderato con un foglio di pellicola trasparente, copritele con un altro foglio e battetele leggermente con un batticarne.

2 Eliminate il foglio superiore, condite le fette con un pizzico di sale e distribuite sopra le mele ammollate, la mortadella e 1 foglia di salvia. Avvolgetele a involtino e legatele con filo da cucina.

3 Versate il vino in una piccola casseruola e fate bollire per un paio di minuti, per eliminare l'alcol. Mondate e tritate finemente il sedano, la cipolla e le carote. Fate soffriggere il trito in una casseruola con un filo di olio, mescolando ogni tanto.

4 Aggiungete gli involtini e fateli rosolare per un paio di minuti. Bagnate con il vino e lasciate evaporare; coprite con il brodo bollente, incoperchiate e proseguite la cottura per circa 1 ora a fuoco medio. Quando la carne è pronta, levatela dalla casseruola e tenetela da parte in caldo.

5 Raccogliete il fondo di cottura nel bicchiere del mixer e frullate, versando a filo l'olio necessario a ottenere una salsina vellutata. Al termine, regolate di sale. Velate i piatti individuali con la salsina, aggiungete gli involtini, liberati dal filo da cucina, portate in tavola e servite.

STELLINE DI COTOLETTE
AROMATICHE

20 minuti

15 minuti

INGREDIENTI
per 4 persone

- **500 g di polpa di vitello a fette sottili**
- **2 uova**
- **100 g di pangrattato**
- **20 g di farina**
- **2 rametti di rosmarino**
- **1 ciuffo di maggiorana**
- **100 g di spinaci a foglia piccola**
- **1 limone**
- **curcuma in polvere**
- **olio extravergine di oliva**
- **sale**

vi serve inoltre

- **1 coppapasta a forma di stella**

1 Sgusciate le uova in un piatto fondo, profumatele con un pizzico di curcuma e sbattetele con una forchetta giusto per slegarle. Raccogliete il pangrattato in un altro piatto fondo, aggiungete un po' di rosmarino e di maggiorana, tritati, condite con un pizzico di sale e miscelate.

2 Sgrassate per bene le fettine di carne, stendetele su un tagliere foderato con un foglio di pellicola trasparente, copritele con un altro foglio e battetele con un batticarne. Con il coppapasta ritagliate dalle fettine tante stelline.

3 Infarinate leggermente le stelline di vitello, quindi passatele nelle uova sbattute e infine nel pangrattato, premendole leggermente per far aderire la panatura.

4 Scaldate abbondante olio in una padella e friggete le stelline da ambo i lati. Man mano che sono pronte, scolatele su un foglio di carta assorbente da cucina. Al termine, salatele.

5 Mentre la carne è in cottura, lavate gli spinaci, scolateli e fateli saltare per un paio di minuti in un'altra padella con un filo di olio. Distribuite le stelline nei piatti individuali con 1 spicchio di limone, completate con gli spinaci saltati e servite.

SCALOPPINE
AGLI AGRUMI E MIELE

10 minuti + riposo

10 minuti

INGREDIENTI
per 4 persone

- 4 fette di fesa di vitello
- 1 limone
- 1 arancia (più eventualmente 1 arancia per guarnire)
- 1 ciuffo di prezzemolo
- farina
- fecola di patate
- miele di castagno
- burro chiarificato
- olio extravergine di oliva
- sale e pepe

1 Tagliate le fette di fesa a metà, disponetele in una pirofila, irroratele con il succo filtrato dell'arancia e del limone, e lasciate marinare per un paio d'ore. Trascorso il tempo, miscelate un po' di farina e un po' di fecola, in parti uguali, in un piatto fondo; scolate le fettine e passatele nella miscela.

2 Fate fondere un cucchiaio di burro in una padella con un filo di olio, unite le fettine di carne e fatele cuocere a fuoco dolce per circa 5 minuti, girandole e bagnandole di tanto in tanto con il succo della marinata, filtrato.

3 Condite con un pizzico di sale, glassate con 2 cucchiai di miele e lasciate insaporire per un paio di minuti; al termine, levate. Distribuite le scaloppine nei piatti individuali, velatele con il loro sughetto, profumate con un po' di prezzemolo (e una macinata di pepe, se piace) e servite. Eventualmente, potete guarnire con qualche fettina di arancia.

IL PESCE

POLPETTINE
DI ACCIUGHE

15 minuti

30 minuti

INGREDIENTI
per 4 persone

- **500 g di acciughe già pulite e diliscate**
- **100 g di pangrattato**
- **50 g di pecorino grattugiato**
- **2 uova**
- **350 g di passata di pomodoro**
- **1 limone**
- **1 cipolla**
- **1 ciuffo di prezzemolo**
- **qualche rametto di origano**
- **olio extravergine di oliva**
- **sale**

1 Rompete le uova in una ciotola e sbattetele con una forchetta. Sciacquate le acciughe, asciugatele e tritatele. Raccogliete il trito in una ciotola, aggiungete le uova, il pangrattato e il pecorino, profumate con un po' di prezzemolo e di origano, tritati, e con la scorza grattugiata del limone, regolate di sale e amalgamate. Modellate tante polpettine e tenetele da parte.

2 Tritate la cipolla e fatela appassire in una padella con un filo di olio; versate la passata di pomodoro, bagnate con un goccio di acqua e fate cuocere per una ventina di minuti, a fuoco medio, mescolando ogni tanto. Poi levate e lasciate intiepidire.

3 Mentre la salsa è in cottura, scaldate abbondante olio in un'altra padella, quindi friggete le polpettine, girandole ogni tanto. Man mano che sono pronte, scolatele su un foglio di carta assorbente da cucina. Disponete le polpettine in un piatto da portata e servitele con la salsina tiepida, a parte.

POLPETTINE DI SALMONE
CON SPINACI E PATATE

20 minuti + riposo

45 minuti

INGREDIENTI per 4 persone

- 4 patate medie
- 1 cipollotto
- 200 g di salmone sott'olio
- 700 g di spinaci a foglia piccola
- 1 ciuffo di prezzemolo
- 2 rametti di aneto
- burro
- olio extravergine di oliva
- sale

1 Sbucciate le patate, sciacquatele e tagliatele a tocchetti. Raccogliete le patate in una casseruola, coprite con acqua fredda, mettete sul fuoco e fate cuocere per una ventina di minuti a partire dal bollore. Al termine scolate, tenete da parte metà delle patate e passate le altre allo schiacciapatate.

2 Scolate il salmone, sminuzzatelo con i rebbi di una forchetta e raccoglietelo in una ciotola. Unite il passato di patate, profumate con il cipollotto e un po' di prezzemolo, tritati, condite con un pizzico di sale e amalgamate. Quindi formate tante piccole polpettine.

3 Scaldate un filo di olio in una padella e friggete le polpettine, girandole ogni tanto. Man mano che sono pronte, scolatele su un foglio di carta assorbente da cucina.

4 Scaldate un filo di olio in un'altra padella con una noce di burro, unite le patate a tocchetti tenute da parte, profumate con un po' di aneto tritato e fate saltare fino a doratura. Poco prima del termine, aggiungete gli spinaci e condite con un pizzico di sale. Levate, distribuite patate e spinaci nei piatti individuali, completate con le polpettine e servite.

CROCCHETTE DI MERLUZZO E PATATE

Preparazione	15 minuti
Cottura	45 minuti

INGREDIENTI
per 6 bambini

- **500 g di filetti di merluzzo già puliti e diliscati**
- **4-5 patate**
- **200 g di emmentaler grattugiato**
- **1 uovo**
- **1 tuorlo**
- **farina**
- **olio extravergine di oliva**
- **sale**

1 Raccogliete le patate in una casseruola, copritele di acqua fredda e lessatele per 30 minuti a partire dal bollore. Poi scolatele, sbucciatele e passatele allo schiacciapatate.

2 Sminuzzate i filetti di merluzzo e raccoglieteli in una ciotola. Unite il passato di patate, aggiungete il tuorlo, salate e amalgamate fino a ottenere un composto omogeneo, quindi modellate tante piccole crocchette.

3 Passate le crocchette prima nell'uovo, leggermente sbattuto, quindi nella farina e infine nel formaggio grattugiato. Scaldate abbondante olio in una padella e friggete le crocchette. Man mano che sono pronte, scolatele su un foglio di carta assorbente da cucina. Al termine salate, portate in tavola e servite.

SOGLIOLE ALLA MUGNAIA

10 minuti

10 minuti

INGREDIENTI
per 4 persone

- 4 filetti di sogliola
- 150 g di burro chiarificato
- 1 limone
- 1 ciuffo di prezzemolo
- farina
- sale

1 Spellate i filetti, sciacquateli sotto l'acqua corrente, tamponateli con un foglio di carta assorbente da cucina e passateli da entrambi i lati nella farina.

2 Fate fondere il burro in una larga padella, adagiate i filetti di sogliola nel burro e fate cuocere 2-3 minuti per parte, girandoli con delicatezza.

3 Una volta cotti, spruzzate i filetti con il succo del limone, filtrato, profumate con un po' di prezzemolo tritato, condite con un pizzico di sale e servite.

INVOLTINI DI PESCE SPADA
CON PINOLI UVETTA E AROMI MEDITERRANEI

15 minuti

15 minuti

INGREDIENTI
per 4 persone

- 8 fette di pesce spada da 60 g ciascuna
- 70 g di pinoli tostati
- 50 g di uvetta
- 150 g di pangrattato
- 400 g di spinaci a foglia piccola
- 2 rametti di timo
- 2 rametti di maggiorana
- 1 rametto di origano
- 8 foglie di menta
- 1 limone
- olio extravergine di oliva
- sale

1 Fate ammollare l'uvetta in acqua tiepida per una ventina di minuti. Intanto, stendete le fette di pesce spada su un tagliere foderato con un foglio di pellicola trasparente, copritele con un altro foglio e battetele con un batticarne per appiattirle.

2 Tritate il timo, la maggiorana, l'origano e la menta. Raccogliete il pangrattato in una ciotola, aggiungete il trito aromatico, i pinoli (lasciandone qualcuno da parte per decorare), l'uvetta, scolata, e la scorza grattugiata del limone, unite un filo di olio e un pizzico di sale, e amalgamate.

3 Liberate le fette di pesce spada dalla pellicola trasparente, distribuite al centro di ogni fetta un po' del ripieno preparato, arrotolatele a involtino e fermatele con uno stecchino.

4 Trasferite gli involtini in una teglia, foderata con carta forno, condite con un filo di olio, mettete in forno già caldo a 180 °C e fate cuocere per 10-12 minuti. Levate, eliminate gli stecchini e servite gli involtini con gli spinaci, conditi con un filo di olio e un pizzico di sale, e con i pinoli tenuti da parte.

INSALATA TIEPIDA DI CUSCUS VERDURE E SGOMBRI SOTT'OLIO

15 minuti + riposo

INGREDIENTI per 4 persone

- 200 g di cuscus precotto
- 120 g di parmigiano
- 300 g di verdure sott'olio (carciofini, funghi, pomodori, melanzane, olive ecc.)
- 300 g di filetti di sgombro sott'olio
- 200 g di feta
- 1/2 limone
- 1 ciuffo di basilico
- olio extravergine di oliva
- sale

1 Raccogliete il cuscus in una ciotola, versate un bicchiere e mezzo di acqua bollente, condite con un pizzico di sale e 2-3 cucchiai di olio e mescolate. Mettete da parte e lasciate riposare finché l'acqua si sarà assorbita completamente (ci vorranno più o meno 5 minuti), mescolando ogni tanto per sgranare i chicchi ed evitare che si formino grumi.

2 Scolate le verdure dall'olio di conservazione e tagliatele a tocchetti. Scolate anche i filetti di sgombro e spezzettateli con una forchetta.

3 Condite il cuscus con il succo del limone, aggiungete le verdure, lo sgombro e la feta, sbriciolata, profumate con le foglie di basilico, regolate di sale e mescolate. Distribuite l'insalata nelle ciotole individuali, guarnite con il parmigiano, fatto a scagliette, e servite.

INTERMEZZO
BABY PARTY

CRACKER ABC

20 minuti + riposo

INGREDIENTI
per 30 snack

- **15 cracker**
- **20 fette di fontina**
- **2-3 fette di prosciutto cotto spesse circa 3-4 mm**
- **2-3 carote**
- **3 zucchine**
- **maionese**

vi servono inoltre
- **coppapasta piccoli a forma di lettere**

1 Raschiate le carote sotto l'acqua corrente, spuntatele e tagliatele nel senso della lunghezza a fette spesse 4-5 mm. Lavate le zucchine, spuntatele e affettatele allo stesso spessore delle carote, sempre nel senso della lunghezza.

2 Con i coppapasta ritagliate tante letterine dalle fette di verdura e di prosciutto cotto. Dividete i cracker a metà e spalmateli con un velo di maionese. Rifilate le fette di fontina alle stesse dimensioni dei mezzi cracker.

3 Posizionate i quadrati di formaggio sui mezzi cracker, completate la farcitura con le letterine, a piacere, spalmandole sotto con un po' di maionese, portate in tavola e servite.

W
EST
ATE

ALLEGRE PIZZETTE

10 minuti

10 minuti

INGREDIENTI
per 12-15 pizzette

- **250 g di pasta per pizza**
- **200 g di passata di pomodoro**
- **1 mozzarella a dadini**
- **2 piccoli würstel di pollo**
- **5-6 olive nere già snocciolate**
- **qualche rametto di timo**
- **sale**

vi servono inoltre

- **coppapasta piccoli a forma di fiore e di stella**
- **farina per la spianatoia**

1 Lavorate brevemente la pasta per pizza sulla spianatoia leggermente infarinata. Stendetela in una sfoglia sottile e ritagliate tante pizzette con i coppapasta.

2 Disponete le pizzette sulla placca del forno, foderata con carta forno. Velatele con un po' di passata di pomodoro, condite con un pizzico di sale e completate la farcitura con qualche fettina di würstel, spicchi di oliva e 1 dadino di mozzarella.

3 Mettete in forno già caldo a 200 °C e fate cuocere per una decina di minuti, o comunque fino a doratura. Sfornate, profumate con qualche fogliolina di timo, portate in tavola e servite.

frutta da
bere

RISO MATEMATICO

20 minuti + riposo

40 minuti

INGREDIENTI per 6 porzioni

- **1 rotolo di pasta brisée**
- **400 g di riso**
- **6 pomodorini**
- **250 g di pisellini già lessati**
- **1 barattolo di mais dolce da 150 g**
- **3 würstel piccoli**
- **3 fette di prosciutto cotto (spesse 7-8 mm)**
- **3 fette di emmentaler (spesse 7-8 mm)**
- **olio extravergine di oliva**
- **sale**

vi servono inoltre

- **1 coppapasta del diametro di 15 cm**
- **9 coppapasta a forma di numerino**
- **6 stampini a ciotolina del diametro di 12-14 cm**
- **fagioli secchi**
- **burro**

1 Stendete il rotolo di pasta brisée e ritagliate 6 dischetti con il coppapasta. Imburrate gli stampini, foderateli con i dischi di pasta e bucherellate il fondo con una forchetta. Mettete gli stampini in frigo e lasciate raffreddare per 30 minuti.

2 Trascorso il tempo, riempiteli con i fagioli secchi e infornateli a 180 °C per 15 minuti. Poi levateli, eliminate i fagioli e completate la cottura in forno per altri 5 minuti, o comunque fino a doratura. Al termine, sfornate, lasciate raffreddare e sformate i cestini.

3 Mentre i cestini di brisée sono in cottura preparate il riso matematico. Sciacquate i pomodorini e tagliateli a metà. Sgocciolate il mais dall'acqua di conservazione, sciacquatelo sotto l'acqua corrente e scolatelo.

4 Sbollentate i würstel per 4-5 minuti, poi scolateli e tagliateli a rondelle. Con i coppapasta ritagliate tanti numerini dalle fette di formaggio e di prosciutto cotto. Lessate il riso in abbondante acqua bollente leggermente salata, poi scolatelo e sgocciolatelo per bene.

5 Raccogliete il riso in una ciotola e conditelo con un filo di olio. Aggiungete i pisellini, il mais e le rondelle di würstel. Unite i pomodorini e mescolate. Distribuite l'insalata di riso nei cestini di brisée, completate con i numerini di formaggio e prosciutto cotto, portate in tavola e servite.

A LA
SCUOLA

PANINI
DISCHI VOLANTI

15 minuti

INGREDIENTI
per 4 panini

- **4 panini al latte**
- **4 fette di mortadella**
- **4 fette di caciotta dolce**
- **1 mela verde**
- **1 limone**
- **8-10 olive verdi già snocciolate**
- **maionese**

1 Lavate e asciugate la mela, eliminate il torsolo, affettatela sottilmente e tagliate le fettine a metà. Raccogliete le fettine in un piatto piano e irroratele con il succo del limone.

2 Tagliate a metà i panini, spalmateli con un velo di maionese e farciteli con la mortadella, la caciotta e le mezze fette di mela, facendole sbordare un po'.

3 Tagliate le olive a rondelle e posizionatele lungo il bordo dei panini, appoggiandole sulla farcitura. Portate in tavola e servite.

BARRETTE AI CEREALI
E SMARTIES

10 minuti + riposo

30 minuti

INGREDIENTI
per 8-10 barrette

- 220 g di corn flakes
- 50 g di mirtilli essiccati
- 50 g di ciliegie candite
- 1 dl di olio di semi di girasole
- 150 g di miele
- 80 g di zucchero di canna
- 1 pacchetto di smarties

1 Raccogliete i corn flakes in una ciotola, aggiungete i mirtilli essiccati e le ciliegie candite, e mescolate. Versate l'olio in una casseruola, unite il miele e lo zucchero di canna, mettete sul fuoco e fate cuocere a fuoco dolce, mescolando, finché lo zucchero si sarà fuso completamente. Levate, aggiungete il tutto alla miscela preparata e mescolate velocemente.

2 Distribuite il composto ottenuto in una pirofila rettangolare, foderata con carta forno, e compattate bene. Mettete in forno già caldo a 180 °C e fate cuocere per una ventina di minuti. A 5 minuti dal termine di cottura completatate con gli smarties. Trascorso il tempo, sfornate e lasciate raffreddare completamente. Tagliate il dolce a barrette rettangolari e servite.

FRULLATO DELL'INCREDIBILE HULK

10 minuti + riposo

INGREDIENTI
per 1 caraffa da 1,5 l

- **1 l di latte di soia**
- **6 kiwi**
- **4-5 cucchiai di miele**
- **2-3 gocce di estratto di vaniglia**
- **cannella in polvere**

1 Versate il latte nel bicchiere del mixer, unite il miele e 1 cucchiaino di cannella e frullate per circa 1 minuto.

2 Sbucciate i kiwi e tagliateli a dadini. Raccogliete la dadolata nel bicchiere del mixer, completate con la vaniglia e frullate ancora. Versate nella caraffa, portate in tavola e servite.

IL CARRETTO DEI GELATI

GELATO ALLA BANANA
CON GOCCE DI CIOCCOLATO

10 minuti + riposo

INGREDIENTI
per 1 kg di gelato

- 5 dl di panna fresca
- 1/2 dl di latte
- 1 tuorlo
- 3 banane
- 80 g di zucchero
- 70 g di gocce di cioccolato
- la punta di 1 cucchiaino di agar agar

1 Frullate le banane con il latte e l'agar agar. Montate il tuorlo con lo zucchero fino a ottenere un composto chiaro e spumoso. Unite il frullato di banana e amalgamate.

2 A parte, montate la panna a neve ben ferma, quindi incorporatela al composto preparato, mescolando delicatamente dall'alto verso il basso. Completate con le gocce di cioccolato e mescolate ancora.

3 Versate tutto in un contenitore di acciaio inossidabile con coperchio e trasferite in freezer per almeno 2 ore. Ogni 30 minuti levate e mescolate con una spatola per rompere i cristalli di ghiaccio. Trascorso il tempo, levate e servite.

UFOLOTTI
COLORATI

20 minuti + riposo

15 minuti

INGREDIENTI per 25-30 ufolotti

per i biscotti
- **290 g di farina (più farina per la spianatoia)**
- **175 g di burro**
- **220 g di zucchero**
- **2 tuorli**
- **1 cucchiaino di lievito**
- **1 bustina di vanillina**
- **sale**

per la farcitura
- **500 g di gelato alla fragola**
- **500 g di gelato al limone**
- **1 pacchetto di smarties**

vi serve inoltre
- **1 coppapasta da 6-7 cm di diametro**

1 Per i biscotti: lavorate il burro con lo zucchero fino a ottenere un composto chiaro e spumoso. Unite i tuorli, uno alla volta, e incorporate perfettamente. Aggiungete la vanillina e la farina, setacciata con il lievito e un pizzico di sale, e mescolate ancora, fino a ottenere un impasto sodo e omogeneo.

2 Stendete l'impasto in una sfoglia abbastanza sottile e ritagliate con il coppapasta tanti dischetti. Distribuite i dischetti sulla placca del forno, foderata con carta forno, infornate a 170 °C e fate cuocere per 15 minuti. Quando i biscotti saranno leggermente dorati, sfornateli, trasferiteli su una gratella per dolci e lasciateli raffreddare.

3 Farcite i biscotti, a mo' di sandwich: metà con il gelato alla fragola e l'altra con quello al limone. Completate con gli smarties, disponendoli a distanza regolare lungo il bordo dello strato di gelato, e mettete in freezer fino al momento di servire.

STECCHI PRALINATI

10 minuti + riposo

10 minuti

INGREDIENTI
per 6 stecchi

- **4 dl di panna fresca**
- **2 dl di latte**
- **130 g di zucchero**
- **1 cucchiaio di estratto di vaniglia**

per la guarnitura
- **130 g di cioccolato (fondente, al latte, bianco o quello che preferite)**
- **130 g di cereali**
- **mandorle a lamelle**
- **granella di nocciole**

vi servono inoltre
- **6 stampini per ghiaccioli**
- **6 stecchi per ghiaccioli**

1 Versate il latte in una casseruola; unite la panna e lo zucchero, mettete sul fuoco e scaldate senza arrivare a ebollizione. Spegnete, lasciate raffreddare, unite l'estratto di vaniglia e mescolate.

2 Trasferite il composto in una ciotola di acciaio con coperchio e mettete in freezer per almeno 2 ore. Ogni 30 minuti levate e mescolate con una spatola per rompere i cristalli di ghiaccio. Trascorso il tempo, levate dal freezer e lasciate ammorbidire un po' il composto, quindi distribuitelo negli stampini.

3 Mettete gli stampini in freezer per circa 3 ore, poi levate, inserite gli stecchi e fate congelare nuovamente per altre 12 ore.

4 Poco prima di servire preparate la guarnitura. Sbriciolate i cereali in una ciotolina, aggiungete la granella di nocciole e le mandorle, miscelate e tenete da parte. Tagliate a pezzetti il cioccolato e fatelo fondere a bagnomaria a fuoco dolce.

5 Al termine, sformate i gelati, immergendo gli stampini per pochi secondi in acqua tiepida, passateli nel cioccolato fuso e quindi nella miscela preparata, e servite.

LAMPONI YOGURT-POPS

10 minuti + riposo

INGREDIENTI
per 6 ghiaccioli

- **300 g di yogurt greco**
- **125 g di lamponi**
- **5 cucchiai di miele**

vi servono inoltre
- **6 stampini per ghiaccioli**
- **6 stecchi per ghiaccioli**

1 Sciacquate i lamponi, divideteli a metà e disponeteli negli stampini per ghiaccioli; trasferiteli in freezer e fateli congelare orizzontalmente per 4 ore in modo che si induriscano e si attacchino alle pareti degli stampini.

2 Lavorate lo yogurt e il miele, fino a ottenere una crema ben amalgamata. Distribuitela negli stampini con i lamponi e rimettete in freezer per 3 ore. Levate, inserite gli stecchi per ghiacciolo, trasferite nuovamente in freezer e lasciate congelare per altre 12 ore.

3 Trascorso il tempo, sformate i ghiaccioli, immergendo gli stampini per pochi secondi in acqua tiepida, e servite.

GHIACCIOLI
ANANAS E KIWI

10 minuti + riposo

INGREDIENTI
per 6 ghiaccioli

- **3 kiwi**
- **1/2 ananas**
- **2 cucchiai di miele**

vi servono inoltre
- **6 stampini per ghiaccioli**
- **6 stecchi per ghiaccioli**

1 Sbucciate l'ananas, eliminate il torsolo e tagliatelo a dadini; sbucciate i kiwi e tagliatene 2 a dadini e l'ultimo a fettine. Raccogliete i dadini di ananas e di kiwi nel bicchiere del mixer, aggiungete il miele e frullate fino a ottenere una purea omogenea.

2 Distribuite la purea negli stampini, aggiungendo una fettina di kiwi in ciascuno stampino, e mettete in freezer per 3 ore. Levate, inserite gli stecchi per ghiacciolo, e rimettete in freezer per altre 12 ore. Trascorso il tempo, sformate i ghiaccioli, immergendo gli stampini per pochi secondi in acqua tiepida, e servite.

BIMBI È PRONTO! 2
DALLA A ALLA Z

Allegre pizzette 74
Barrette ai cereali e smarties 80
Bavette al pesto light 10
Cavatelli alle zucchine e crema di ricotta 12
Coccinelle su fior di sablé al rosmarino 34
Cracker ABC 72
Crocchette di merluzzo e patate 62
Dischi volanti di melanzana e pomodoro 24
Dog hot dog 38
Eliche pomodorini e ricotta 16
Frog dog 40
Frullato dell'incredibile Hulk 82
Funghetti di caprese 22
Gelato alla banana con gocce di cioccolato 86
Ghiaccioli ananas e kiwi 94
Giardinetto croccante 28
Il pulcino Pio 36
Insalata tiepida di cuscus verdure e sgombri sott'olio 68
Involtini di pesce spada con pinoli uvetta e aromi mediterranei 66
Involtini di pollo alle mele e mortadella 50
Lamponi yogurt-pops 92
Orzotto alla milanese 18
Panini dischi volanti 78
Patatine al profumo di rosmarino 26
Polpettine di acciughe 58
Polpettine di pollo mascherate 48
Polpettine di salmone con spinaci e patate 60
Polpettine profumate 46
Polpettine speedy di piselli e fagioli 30
Reginette al pesto aromatico 14
Riso matematico 76
Scaloppine agli agrumi e miele 54
Sogliole alla mugnaia 64
Stecchi pralinati 90
Stelline di cotolette aromatiche 52
Tramezzini o pesciolini? 42
Ufolotti colorati 88

Bimbi è pronto! 2
A cura di
Alice Cucina

REDAZIONE
via Tiburtina 924, 00156 Roma
staff.alicemagazine@ltmultimedia.tv
DIRETTORE RESPONSABILE
Valter La Tona
VICEDIRETTORE
Giulia Macrì - giulia.macri@ltmultimedia.tv
CAPOREDATTORE
Francesco Monteforte Bianchi
francesco.monteforte@ltmultimedia.tv
REDAZIONE
Emanuela Bianconi - emanuela.bianconi@ltmultimedia.tv
SEGRETERIA DI REDAZIONE
Luisa Sbroscia - luisa.sbroscia@ltmultimedia.tv
REVISIONE TESTI
Maria Stella
IMPAGINAZIONE
Alessia Carrozzi
FOTOGRAFIE
E. Andreini, M. Avalos Flores, C. Bellasio, I. Beretta, F. Brambilla, S. Censi, C. Gargioni, M. Gonima, T. Mattiello, S.Rossi, S.Serrani, C. Viganò
LT EDITORE srl
Società controllata da LT Multimedia srl
LT MULTIMEDIA srl
via Tiburtina 924, 00156 Roma
lteditore@ltmultimedia.tv - www.ltmultimedia.tv

STAMPA
Tipolitografia Trullo
Via Ardeatina, 2479 - 00134 Roma
Tel. +39 06 6535677 - Fax +39 06 71302758
info@tipolitografiatrullo.it
www.tipolitografiatrullo.it

ISBN: 978-88-6107-224-4

Nella stessa collana:

le Conserve
la Pizza
il Cioccolato
la Pasta all'Uovo
i Menu di Natale
Verdure d'inverno
Fritti & Frittelle
Spaghetti & Co.
Frittate & Omelette
Verdure di primavera
Mousse, terrine e pâté
Gelati e sorbetti
il Pesce azzurro
il Pollo
i Risotti
le Patate
i Menu delle Feste
Dolci al cucchiaio
Fritti golosi
Muffin & Plumcake
le Uova
Sfoglia frolla e brisée
Bimbi è pronto!
Insalate Gourmand
Pasta e riso dell'estate
Tiramisù e semifreddi
Formaggi a tavola
Mele & Pere
Strenne dolci e salate
Lasagne e cannelloni
Cupcakes
tutto al Gratin
Cheesecakes
Involtini e scaloppine
Maccheroni
lo Yogurt
Crostate strudel e tatin
Gnocchi
Biscotti
Zucca
Antipasti e finger food
il Pane
Dolci forme
Ricotta & Co.
Torte salate e quiches

Finito di stampare marzo 2014